L'Aventure de l'Intelligence Artificielle

Un Voyage pour les Jeunes Explorateur

Maximilien LEDUC

INTELLIGENCE
ARTIFICIELLE

INTRODUCTION

Bienvenue, jeune explorateur ! Tu es sur le point d'entamer un voyage incroyable dans le monde fascinant de l'intelligence artificielle, ou l'IA pour faire court. Mais qu'est-ce que l'IA, exactement ? Eh bien, c'est un peu comme un cerveau magique caché dans les ordinateurs, les tablettes, et même dans les téléphones !

Imagine que tu as un ami robot qui apprend de nouvelles choses en te regardant et en écoutant ce que tu dis. Cet ami robot devient plus intelligent jour après jour, apprenant de ses expériences, un peu comme toi quand tu apprends à jouer à un nouveau jeu ou à résoudre un problème complexe à l'école. C'est exactement ce que fait l'IA : elle apprend, s'adapte et évolue.

Tu sais, l'IA n'est pas seulement un concept futuriste que l'on voit dans les films de science-fiction. Elle est déjà là, autour de nous, dans notre vie de tous les jours. Quand tu demandes à un assistant vocal comme Siri ou Alexa de jouer ta chanson préférée, ou quand tu vois une voiture qui se conduit toute seule, c'est l'IA qui travaille !

Dans ce livre, nous allons explorer ensemble comment l'IA a été créée, comment elle fonctionne, et toutes les choses incroyables qu'elle peut faire. Nous parlerons aussi des manières dont l'IA aide les gens chaque jour, et même de certaines préoccupations importantes que les gens ont à propos de l'IA.

Alors, attache ta ceinture de sécurité et prépare-toi pour cette aventure passionnante dans le monde de l'intelligence artificielle. Tu es prêt ? C'est parti !

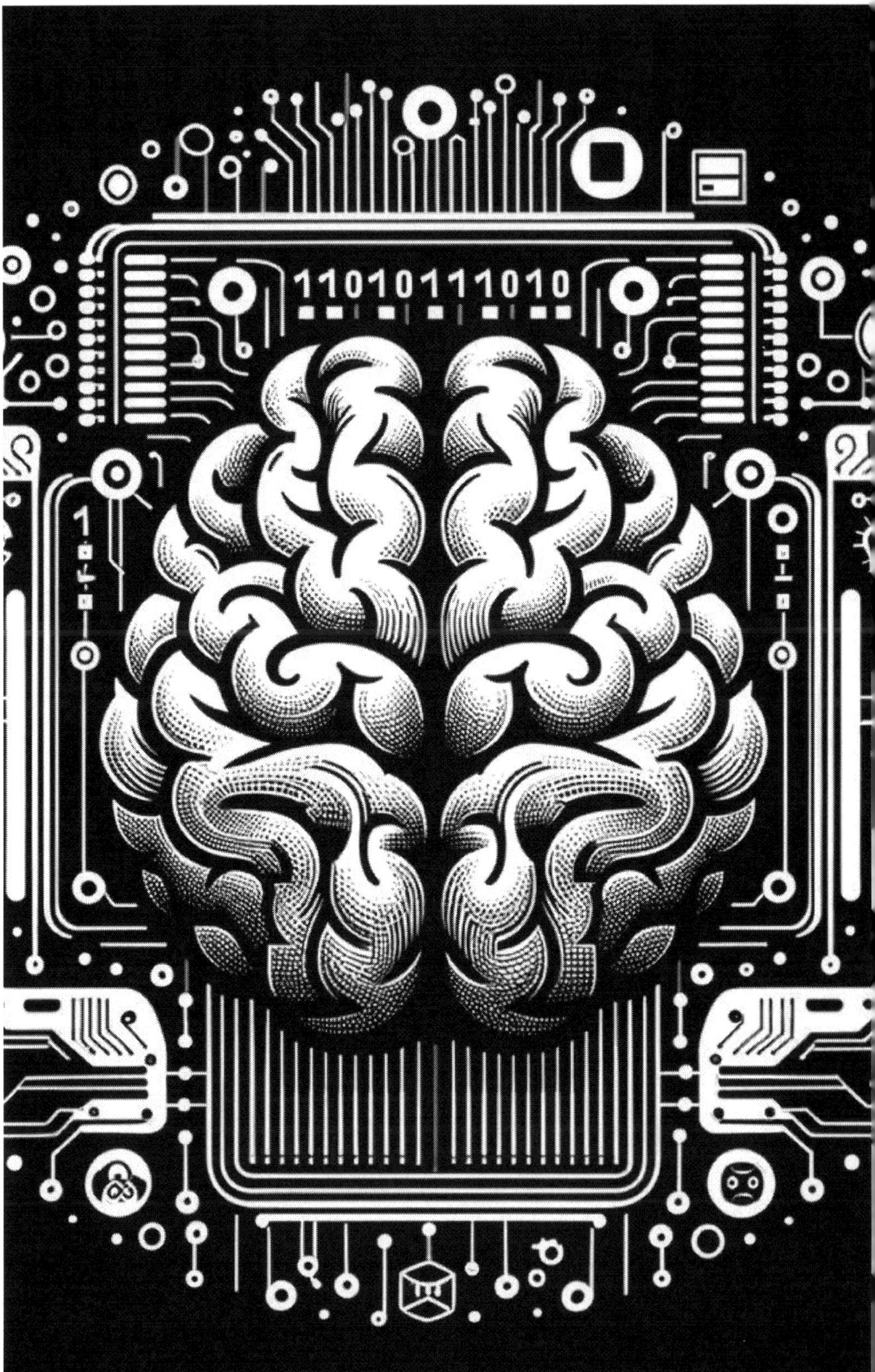
11010111010

CHAPITRE 1
INTRODUCTION À L'INTELLIGENCE ARTIFICIELLE

Bienvenue dans le premier chapitre de notre aventure ! Ici, nous allons plonger dans le monde mystérieux et excitant de l'intelligence artificielle, ou IA. Mais qu'est-ce que l'IA ? C'est une question que beaucoup de gens, même des adultes, se posent. Alors, commençons par le début.

Qu'est-ce que l'Intelligence Artificielle ?

Imagine que tu as un super cerveau dans ton ordinateur, ta tablette ou ton smartphone. Ce cerveau n'est pas fait de cellules et de neurones comme le tien, mais de codes, de programmes et de données. C'est ce qu'on appelle l'intelligence artificielle.

L'IA, c'est un peu comme un cerveau qui pense, analyse et prend des décisions, mais au lieu de se trouver dans une tête, elle est dans une machine. Elle peut apprendre des choses, comprendre des instructions et même résoudre des problèmes !

Comment l'IA Apprend-elle ?

Tu sais comment tu apprends à l'école ? En écoutant ton professeur, en lisant des livres et en faisant des exercices, n'est-ce pas ? L'IA apprend presque de la même manière, mais au lieu de livres et de devoirs, elle utilise des données et des algorithmes.

Les données, c'est comme les informations que tu reçois en classe. Les algorithmes, eux, sont comme les règles que ton cerveau utilise pour comprendre et mémoriser ces informations. Quand l'IA reçoit beaucoup de données, elle commence à voir des modèles et à apprendre de nouvelles choses, un peu comme toi quand tu commences à comprendre un nouveau sujet à l'école.

L'IA et le Cerveau Humain

L'IA est souvent comparée à un cerveau humain, mais elle est différente à bien des égards. Ton cerveau est incroyablement complexe et capable de ressentir des émotions, de rêver et d'être créatif. L'IA, quant à elle, est très bonne pour traiter rapidement de grandes quantités d'informations et pour effectuer des tâches spécifiques pour lesquelles elle a été programmée.

Mais, tout comme toi, l'IA a besoin d'apprendre et de s'entraîner pour devenir meilleure dans ce qu'elle fait. Elle peut s'améliorer au fil du temps, apprenant de ses erreurs, tout comme tu deviens meilleur en mathématiques ou en sport avec de la pratique.

Pour Résumer

L'intelligence artificielle est un domaine fascinant et en constante évolution. Elle utilise des données et des algorithmes pour apprendre et effectuer des tâches, un peu comme un cerveau humain mais dans un ordinateur. Alors que nous continuons notre voyage, garde en tête cette idée de l'IA comme un cerveau dans la machine, toujours en train d'apprendre et de grandir !

Le savais-tu ?

En 1950, Alan Turing a conçu un test, aujourd'hui connu sous le nom de Test de Turing, pour déterminer si une machine peut penser de manière indépendante. Ce test est encore utilisé comme une référence dans le domaine de l'IA.

1984
198
1927
1997
195
1938
1997

CHAPITRE 2
HISTOIRE DE L'INTELLIGENCE ARTIFICIELLE

Bienvenue dans le deuxième chapitre de notre aventure passionnante dans le monde de l'intelligence artificielle ! Ici, nous allons faire un voyage dans le temps pour découvrir comment l'IA est née et comment elle a grandi pour devenir ce qu'elle est aujourd'hui.

Les Premiers Pas de l'IA

Notre histoire commence il y a très longtemps, dans les années 1950. À cette époque, les ordinateurs étaient de grandes machines que l'on trouvait seulement dans certains laboratoires et universités. C'est à ce moment-là qu'un groupe de scientifiques visionnaires a commencé à se demander : «Et si nous pouvions créer une machine qui pense comme un humain ?»

Un de ces scientifiques, Alan Turing, a posé une question célèbre : «Les machines peuvent-elles penser ?» C'est avec cette question que l'aventure de l'IA a vraiment commencé. Turing a créé un test, maintenant connu sous le nom de «Test de Turing», pour voir si une machine pouvait vraiment penser par elle-même.

L'IA Prend Son Envol

Dans les années 1960 et 1970, l'IA a commencé à se développer rapidement. Les chercheurs ont créé les premiers programmes capables de résoudre des problèmes mathématiques et de jouer à des jeux comme les échecs. C'était incroyable de voir des machines faire des choses que seul l'esprit humain pouvait faire auparavant !

Les Hauts et les Bas

Comme dans toute grande aventure, l'histoire de l'IA a eu ses hauts et ses bas. Il y a eu des périodes où les progrès semblaient lents, appelées les «hivers de l'IA», où beaucoup de gens doutaient de l'avenir de l'IA. Mais les scientifiques ne se sont pas découragés et ont continué à travailler dur.

L'Ère Moderne de l'IA

Puis, avec l'arrivée du 21e siècle et l'avancée de la technologie, l'IA a connu un boom incroyable. Aujourd'hui, l'IA peut faire des choses que personne n'aurait pu imaginer dans les années 1950. Elle peut reconnaître des visages, comprendre la parole humaine, aider les médecins à diagnostiquer des maladies, et bien plus encore.

Pour Résumer

L'histoire de l'IA est une aventure pleine de découvertes, de défis et de progrès incroyables. De la simple question «Les machines peuvent-elles penser ?» à la création de machines qui peuvent apprendre par elles-mêmes, l'IA a parcouru un long chemin. Et qui sait ce que l'avenir nous réserve ? Peut-être que toi, cher lecteur, seras une partie de la prochaine grande étape dans l'histoire de l'IA !

Le savais-tu
?

Les premières formes d'IA ont été développées dans les années 1950 et 1960, mais elles étaient très basiques comparées aux technologies que nous avons aujourd'hui. Cependant, ces premières étapes ont jeté les bases de l'IA moderne.

CHAPITRE 3
COMMENT FONCTIONNE L'INTELLIGENCE ARTIFICIELLE

Maintenant que nous connaissons l'histoire de l'IA, plongeons dans le cœur de notre aventure et découvrons comment elle fonctionne vraiment. L'IA peut sembler mystérieuse et compliquée, mais avec quelques métaphores, nous pouvons rendre son fonctionnement aussi clair que l'eau de roche !

L'IA et les Jeux

Imagine que tu apprends à jouer à un nouveau jeu. Au début, tu ne connais pas les règles, donc tu observes et essaies différentes stratégies. Au fur et à mesure que tu joues, tu apprends de tes erreurs et deviens meilleur. Les algorithmes d'apprentissage automatique de l'IA fonctionnent de la même manière.

Un algorithme, c'est comme un ensemble de règles que l'IA suit pour apprendre. Tout comme toi, l'IA essaie différentes choses, voit ce qui fonctionne et s'adapte pour s'améliorer. Chaque partie du jeu aide l'IA à comprendre un peu mieux comment gagner.

Les Données : Les Livres de l'IA

Si les algorithmes sont les règles du jeu, les données sont comme les livres dont l'IA apprend. Tout comme tu apprends de nouveaux mots en lisant des livres, l'IA apprend de nouvelles informations à partir des données.

Ces données peuvent être n'importe quoi : des photos, des textes, des sons, ou même des chiffres. Par exemple, pour apprendre à reconnaître des chats, l'IA examine des milliers de photos de chats. Chaque photo est comme une page d'un livre, donnant à l'IA des informations sur ce à quoi ressemble un chat.

L'Apprentissage de l'IA

L'apprentissage de l'IA se fait en deux grandes étapes : l'apprentissage et le test. Dans la phase d'apprentissage, l'IA reçoit beaucoup de données et commence à comprendre les modèles. C'est comme si tu étudiais pour un examen à l'école.

Ensuite, pendant la phase de test, l'IA essaie d'utiliser ce qu'elle a appris pour faire des tâches, comme reconnaître des images ou répondre à des questions. C'est le moment où tu passes ton examen et montres ce que tu as appris.

Pour Résumer

L'intelligence artificielle fonctionne en utilisant des algorithmes pour apprendre à partir de données, un peu comme toi quand tu apprends un nouveau jeu ou lis un livre. Elle a besoin de beaucoup d'informations et d'expériences pour apprendre, et elle devient meilleure avec le temps et la pratique. C'est un processus fascinant qui montre à quel point les machines peuvent être intelligentes !

Le savais-tu ?

L'IA utilise parfois des 'réseaux neuronaux', une structure inspirée du cerveau humain, pour apprendre et prendre des décisions. Ces réseaux peuvent apprendre de vastes quantités d'informations, tout comme ton cerveau apprend à l'école.

CHAPITRE 4
APPLICATIONS DE L'IA DANS LA VIE QUOTIDIENNE

Après avoir découvert ce qu'est l'intelligence artificielle et comment elle fonctionne, tu te demandes peut-être où tu peux la rencontrer dans ta vie de tous les jours. Eh bien, l'IA est partout autour de nous, souvent dans des endroits où on ne s'y attend pas ! Dans ce chapitre, nous allons explorer quelques-unes des façons surprenantes dont l'IA nous aide chaque jour.

L'IA dans les Jeux Vidéo

Es-tu fan de jeux vidéo ? Si oui, tu as peut-être déjà joué avec ou contre l'IA sans le savoir ! Dans beaucoup de jeux, l'IA contrôle les personnages non-joueurs (PNJ). Elle décide de leurs mouvements, de leurs réactions et de leurs stratégies. Cela rend les jeux plus amusants et imprévisibles, car ces personnages peuvent apprendre et s'adapter à ta manière de jouer.

L'IA et la Musique

Quand tu utilises des services de streaming de musique comme Spotify ou Apple Music, l'IA travaille en coulisse pour te recommander des chansons. En analysant les types de musique que tu écoutes le plus souvent, l'IA apprend tes goûts et te suggère de nouvelles chansons ou artistes que tu pourrais aimer. C'est comme avoir un DJ personnel qui connaît parfaitement tes préférences musicales !

Voitures Autonomes

Les voitures autonomes, ou voitures sans conducteur, sont un autre exemple fascinant de l'IA en action. Ces voitures utilisent l'IA pour voir la route, prendre des décisions et conduire en toute sécurité sans l'aide d'un humain. Elles peuvent détecter des obstacles, respecter les feux de circulation et même se garer toutes seules. C'est un peu comme si la voiture avait son propre cerveau !

L'IA dans les Smartphones

Ton smartphone est aussi un petit génie de l'IA. Quand tu demandes à Siri, Google Assistant ou un autre assistant vocal de te rappeler de faire tes devoirs, tu utilises l'IA. Ces assistants comprennent ta voix, interprètent tes commandes et t'aident dans tes tâches quotidiennes. Ils apprennent même à mieux te connaître au fil du temps pour t'assister de manière plus personnalisée.

Pour Résumer

Que ce soit en jouant à des jeux vidéo, en écoutant de la musique, en montant dans une voiture ou en utilisant ton smartphone, l'IA est là pour rendre notre vie plus facile, plus sûre et plus amusante. C'est incroyable de penser à toutes les façons dont l'IA nous aide chaque jour, souvent sans que nous nous en rendions compte !

Le savais-tu ?

Certaines IA sont tellement avancées qu'elles peuvent reconnaître des visages et des voix avec une précision incroyable, ce qui est utilisé dans des domaines variés, de la sécurité à l'aide aux personnes handicapées.

CHAPITRE 5
L'IA ET LA CRÉATIVITÉ

Dans nos chapitres précédents, nous avons vu que l'intelligence artificielle peut apprendre, résoudre des problèmes, et même conduire des voitures. Mais savais-tu que l'IA peut aussi être incroyablement créative ? Oui, tu as bien lu ! L'IA ne se contente pas de penser ; elle peut aussi créer de l'art, composer de la musique, et même écrire des histoires. Plongeons dans le monde fascinant de l'IA créative.

L'IA Artiste

Imagine un tableau magnifique, avec des couleurs vives et des formes captivantes. Tu serais surpris d'apprendre que certaines de ces œuvres d'art sont créées par des IA ! Les artistes utilisent l'IA comme un outil pour explorer de nouveaux styles et idées. L'IA peut analyser des milliers de peintures et apprendre différents styles artistiques, puis créer ses propres œuvres uniques qui peuvent être surprenantes, belles, ou même étranges.

Composer avec l'IA

La musique est un autre domaine où l'IA fait des merveilles. Des musiciens et des producteurs utilisent l'IA pour composer de nouvelles mélodies ou pour expérimenter avec des sons inédits. L'IA peut analyser des morceaux de musique existants pour comprendre ce qui les rend agréables à l'oreille, puis utiliser ces connaissances pour créer de nouvelles compositions. Certaines de ces musiques créées par l'IA peuvent te faire danser, te détendre, ou même te faire voyager dans un monde de sons magiques.

L'IA Écrivaine

Et oui, l'IA peut même écrire des histoires ! En analysant des textes, des livres et des contes, l'IA apprend à structurer une histoire, à développer des personnages, et à créer des intrigues. Bien sûr, les histoires écrites par l'IA sont encore loin d'être parfaites, mais elles peuvent être pleines d'imagination et parfois surprenantes. Des écrivains utilisent l'IA pour générer des idées, des dialogues, ou même pour écrire des parties entières de leurs livres.

Pour Résumer

L'intelligence artificielle n'est pas seulement un outil pour résoudre des problèmes ou effectuer des tâches ; elle peut aussi être une source d'inspiration et de créativité. Que ce soit en peinture, en musique, ou en écriture, l'IA ouvre de nouvelles portes et nous permet d'explorer des mondes artistiques que nous n'aurions jamais imaginés. L'IA nous montre que la créativité n'est pas uniquement l'apanage des humains, mais qu'elle peut être un terrain de jeu pour les machines aussi !

Le savais-tu ?

En 2016, une IA nommée 'DeepBach' a été créée, capable de composer de la musique dans le style de Bach. Les experts en musique classique ont eu du mal à distinguer ses compositions de celles du véritable Bach !

CHAPITRE 6
LES BONS ET MAUVAIS CÔTÉS DE L'IA

Nous avons vu combien l'intelligence artificielle peut être utile et créative, mais comme toutes les grandes inventions, elle a ses bons et ses mauvais côtés. Dans ce chapitre, nous allons explorer les avantages incroyables de l'IA, mais aussi les défis éthiques et les questions importantes qu'elle soulève.

Les Avantages de l'IA

L'IA rend notre vie plus facile et plus sûre de bien des manières. Elle nous aide à trouver rapidement des informations, propose des traitements médicaux personnalisés, améliore la sécurité routière avec les voitures autonomes, et rend même nos maisons plus intelligentes. En affinant ses compétences, l'IA peut résoudre des problèmes complexes, aider à la recherche scientifique, et contribuer à la protection de l'environnement.

Les Défis Éthiques de l'IA

Mais l'IA présente aussi des défis. L'un des plus grands est la question de la vie privée. L'IA a besoin de beaucoup de données pour apprendre, mais d'où viennent ces données ? Souvent, elles viennent de nous, les gens. Il est donc important de réfléchir à la façon dont ces données sont collectées et utilisées. Est-ce que nos informations personnelles sont protégées ? Qui a le droit de voir et d'utiliser ces données ?

Un autre défi est la prise de décision. Parfois, l'IA doit prendre des décisions importantes, comme dans le cas des voitures autonomes. Comment s'assurer que l'IA prend des décisions justes et sûres ? Et si l'IA commet une erreur, qui est responsable ?

L'IA et le Travail

L'IA change aussi la façon dont nous travaillons. D'un côté, elle peut prendre en charge des tâches répétitives et fatigantes, nous permettant de nous concentrer sur des travaux plus créatifs et intéressants. Mais d'un autre côté, l'IA pourrait remplacer certains emplois, ce qui soulève des questions sur l'avenir du travail et les compétences dont nous aurons besoin.

Pour Résumer

L'intelligence artificielle a le potentiel de transformer notre monde de manière incroyablement positive, mais elle pose aussi des questions importantes sur la vie privée, la prise de décision, et l'impact sur le travail. Comme pour toutes les grandes avancées technologiques, il est essentiel de trouver un équilibre entre tirer le meilleur de l'IA et s'assurer qu'elle est utilisée de manière responsable et éthique.

Le savais-tu ?

Les questions éthiques autour de l'IA incluent la vie privée, la sécurité des données et l'impact sur l'emploi. Ces questions sont importantes pour s'assurer que l'IA est développée de manière responsable.

CHAPITRE 7
L'AVENIR DE L'IA

Après avoir exploré le monde actuel de l'intelligence artificielle, il est temps de tourner nos regards vers l'avenir. Que nous réserve-t-il avec l'IA ? Personne ne peut prédire l'avenir avec certitude, mais nous pouvons certainement imaginer les possibilités incroyables que l'IA pourrait nous apporter.

Des Possibilités Sans Limites

L'avenir de l'IA est aussi vaste et passionnant que l'univers lui-même. Nous pourrions voir des villes intelligentes où tout, des feux de circulation aux services publics, est géré efficacement par l'IA. Les voitures autonomes pourraient devenir la norme, rendant les voyages plus sûrs et plus écologiques.

Dans le domaine médical, l'IA pourrait révolutionner la manière dont nous diagnostiquons et traitons les maladies. Imagine des médecins assistés par l'IA, capables de détecter des problèmes de santé bien avant qu'ils ne deviennent graves, ou de créer des traitements sur mesure pour chaque patient.

L'Éducation Personnalisée

L'IA pourrait aussi transformer la façon dont nous apprenons. Avec des programmes d'apprentissage personnalisés, chaque enfant pourrait apprendre à son propre rythme, avec des contenus adaptés à ses besoins et à ses intérêts. Cela pourrait rendre l'apprentissage plus amusant et efficace pour tout le monde.

Coopération Homme-Machine

Dans l'avenir, nous pourrions travailler main dans la main avec l'IA. Plu
tôt que de voir l'IA comme une menace pour nos emplois, nous pour
rions la voir comme une partenaire qui nous aide à être plus créatifs e
efficaces. Avec l'aide de l'IA, nous pourrions résoudre des problème
complexes, comme le changement climatique ou la gestion des res
sources naturelles.

Des Défis à Surmonter

Bien sûr, avec ces grandes possibilités viennent aussi de grands défis
Nous devrons réfléchir à la manière de gérer la vie privée, la sécurit
et les aspects éthiques de l'IA. Cela signifie travailler ensemble - scien
tifiques, politiciens, entreprises et citoyens - pour s'assurer que l'IA es
utilisée pour le bien de tous.

Pour Résumer

L'avenir de l'IA est un chemin plein de promesses et de découvertes
En continuant à apprendre et à grandir avec l'IA, nous pouvons crée
un avenir où la technologie enrichit nos vies, résout nos problèmes e
ouvre la voie à un monde meilleur. L'avenir de l'IA, c'est un peu comm
une grande aventure qui ne fait que commencer, et nous sommes tou
invités à y participer !

Le savais-tu
?

Des scientifiques prévoient de créer des IA qui pourraient explorer l'espace lointain, des endroits trop dangereux ou trop éloignés pour les humains. Ces IA pourraient nous aider à découvrir des planètes inconnues et peut-être même des formes de vie extraterrestre !

CHAPITRE 8
ACTIVITÉS ET EXPÉRIENCES AVEC L'IA

Nous avons parcouru ensemble un long chemin dans le monde de l'intelligence artificielle. Maintenant, il est temps de mettre en pratique ce que tu as appris et de t'amuser un peu avec l'IA ! Voici quelques activités simples et amusantes pour expérimenter avec l'IA et voir de tes propres yeux à quel point elle peut être fascinante.

1. Crée Ton Propre Art IA

- Outils nécessaires : Ordinateur ou tablette avec accès à Internet.
- Activité : Utilise une application en ligne comme DeepArt ou un autre service de création d'art IA. Télécharge une photo et choisis un style artistique. L'IA transformera ta photo en une œuvre d'art dans le style choisi. C'est comme si tu avais un peintre célèbre pour refaire ta photo !

2. Joue à un Jeu de Devinettes avec l'IA

- Outils nécessaires : Smartphone ou tablette.
- Activité : Joue à un jeu comme Akinator, où l'IA devine un personnage auquel tu penses en te posant des questions. C'est fascinant de voir comment l'IA peut déduire qui tu imagines juste en posant des questions !

3. Explore le Monde avec l'IA

- Outils nécessaires : Ordinateur ou tablette avec accès à Internet.
- Activité : Utilise Google Earth avec l'assistant vocal pour explore différents endroits du monde. Demande à l'IA de te montrer des lieux comme la Tour Eiffel ou la Grande Muraille de Chine et apprends des faits intéressants sur ces endroits.

4. Programme Ton Propre Robot IA

- Outils nécessaires : Ordinateur avec accès à Internet.
- Activité : Utilise des plateformes en ligne comme Scratch ou Tynke pour créer de simples programmes ou jeux avec l'IA. C'est une introduction amusante à la programmation et à la manière dont l'IA peut interagir avec ce que tu crées.

5. Expérimente avec la Reconnaissance Vocale

- Outils nécessaires : Smartphone ou ordinateur.
- Activité : Utilise des assistants vocaux comme Siri, Google Assistant ou Alexa pour poser des questions, jouer de la musique ou raconte des blagues. Observe comment l'IA comprend ta voix et répond à tes commandes.

Pour Résumer

Ces activités ne sont que le début de ce que tu peux faire avec l'intelligence artificielle. En expérimentant avec l'IA, tu verras comment elle peut être à la fois utile et amusante. N'oublie pas : plus tu en apprends sur l'IA, plus tu seras prêt pour le futur passionnant qui nous attend avec elle !

Le savais-tu
?

Des IA sont utilisées pour aider à la conservation des espèces menacées. Par exemple, des scientifiques utilisent l'IA pour analyser les chants des baleines, ce qui leur permet de mieux comprendre et protéger ces animaux. Ces technologies aident les chercheurs à surveiller la santé des populations de baleines et à prendre des mesures pour leur conservation.

CONCLUSION

Cher jeune explorateur de l'intelligence artificielle, nous sommes arrivés à la fin de notre aventure passionnante dans le monde de l'IA. Tu as appris ce qu'est l'IA, comment elle fonctionne, où nous la rencontrons dans notre vie quotidienne, et même comment elle peut être créative. Nous avons également discuté des défis éthiques qu'elle pose et imaginé ensemble à quoi pourrait ressembler un futur avec l'IA.

L'IA n'est pas juste un sujet de science-fiction ; c'est une réalité qui grandit et évolue chaque jour, influençant notre vie de multiples façons. Comme tu l'as vu, l'IA a le potentiel d'améliorer le monde, de résoudre des problèmes complexes et de nous ouvrir des portes vers des possibilités infinies. Mais elle nous rappelle aussi l'importance de réfléchir et d'agir de manière responsable et éthique.

En apprenant sur l'IA maintenant, tu te prépares pour un futur où la technologie et l'humanité peuvent collaborer pour créer un monde meilleur. Rappele-toi que l'avenir de l'IA dépend de nous tous, et en tant que jeunes explorateurs, vous avez un rôle essentiel à jouer dans sa formation.

Continue à explorer, à apprendre et à rêver grand. L'avenir de l'IA est aussi vaste et lumineux que ton imagination. Qui sait, peut-être qu'un jour, tu seras celui ou celle qui apportera une contribution importante à cette incroyable aventure !

Printed in France by Amazon
Brétigny-sur-Orge, FR

20322267R00025